U0002446

イラストがたのしく上手に描ける本

一個人、一枝筆，
跟著 兔老師
7天 學會 可愛插畫

〔插畫家・兔老師〕松本孝志◎著
賴曉錚◎譯

Let's Try!!

無論是信紙、卡片、手帳
插畫讓你的創意閃閃發光☆

前言

您是否曾經想過「要是自己很會畫圖，那該有多好」？

如果在信紙、明信片、禮物或卡片上，

看見手繪的可愛小插畫，心情想必會變得很開心吧。

感覺對方「無法以文字表達的心意」

隨著圖案溫柔地傳遞過來。

其實，只要懂得一些小技巧，任何人都能馬上畫出可愛的插圖。

讓我們就從輕鬆的心情開始，照著自己的想法畫吧。

隨著本書優閒的步調，

自然而然地您會越畫越好，

而且，會畫的圖案類型也會越來越多喔。

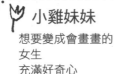

小雞妹妹

想要變成會畫畫的
女生
充滿好奇心

兔老師
我也想變得
會畫畫！
請教教我吧！

4

剛好，我家附近的小雞妹妹，
因為「想要變得會畫畫」而到我的美術工作室來拜訪我。

她在看了朋友畫的
插畫後，自己也想試著
畫畫看呢。

在本書中，我為各位準備了只要花
一個星期，就能夠開心學會畫插圖的課
程。同時也在循序漸進的課程中回答小
雞妹妹提出的種種〈簡單的疑問〉。

那麼，請大家一起來花點時間，
一起和小雞妹妹參加這個「兔老師」
的插畫講座吧！

我們一起
加油，好
嗎？

兔老師
松本孝志
插畫家
喜歡的飲料是
胡蘿蔔汁

☆ 目 錄 ☆

前言
學會畫插畫，就能享有樂趣多多喔♪

Wednesday
星期三　一下子就畫好了，真奇妙！

原來畫人像這麼簡單！

Thursday
星期四　進入專業的達人技！

輕輕鬆鬆畫出「風景」

學會畫插畫，就能享有
樂趣多多喔♪

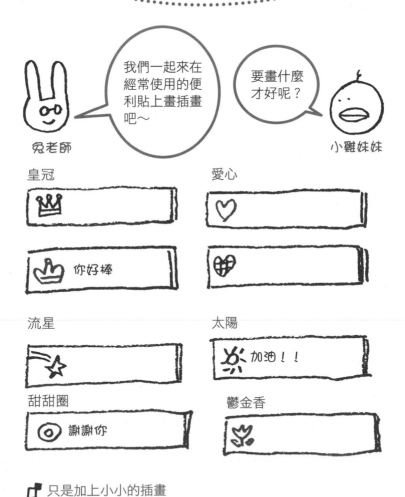

兔老師：我們一起來在經常使用的便利貼上畫插畫吧～

小雞妹妹：要畫什麼才好呢？

皇冠

愛心

你好棒

流星

太陽　加油！！

甜甜圈　謝謝你

鬱金香

只是加上小小的插畫
就變得好可愛！

插畫比起文字，更能夠傳達自己的心意。即使是平凡的卡片，也可以變得很可愛喔。

原來如此啊～

只要在卡片上畫插畫，就能具有獨創性！

無論是自用或送人，
只要上面有一點小插圖，
就會莫名地開心起來！

改天再一起去喝一杯吧！

我搬家了

Thank you

星期六有空嗎？

要再見面喔～

剪成自己喜歡的形狀
更是充滿玩心！

咔嚓
咔嚓
用剪刀剪成自
己喜歡的圖案
形狀吧！

♪ 自從開始畫插畫，變得越來越開心！
因為插畫擁有一種「神奇的魔力」！

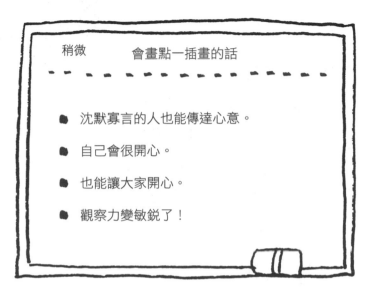

稍微　　　會畫點一插畫的話

- 沈默寡言的人也能傳達心意。

- 自己會很開心。

- 也能讓大家開心。

- 觀察力變敏銳了！

就像上面寫出來的一樣「好處」多多！

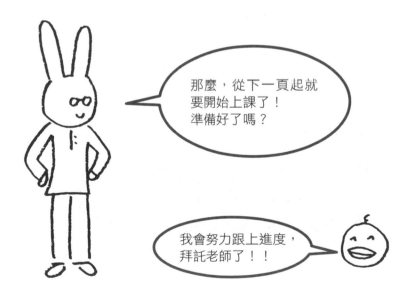

那麼，從下一頁起就
要開始上課了！
準備好了嗎？

我會努力跟上進度，
拜託老師了！！

星期一

開始學習插畫的基礎！！
....

首先來畫「線條」
和「圖形」

Monday

☆ 第1堂課 ☆

拿起身邊常用的筆
動手畫吧

畫插畫一定要使用專用的道具？
不不不，沒那回事喔。
只要使用自己常用的筆，就能畫得很好喔。

放輕鬆點，
開心地畫吧

我好緊
張喔～

♪ 畫插畫的各種用具

鉛筆

2B

用**2B**或顏色較深的鉛筆比較好畫。

原子筆　使用自己慣用的筆就可以了。

黃色

色鉛筆　什麼顏色都可以。

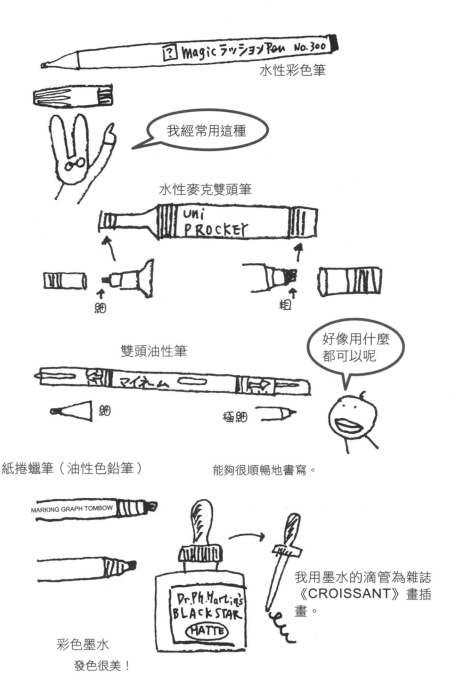

水性彩色筆

我經常用這種

水性麥克雙頭筆

細　　　粗

雙頭油性筆

好像用什麼
都可以呢

紙捲蠟筆（油性色鉛筆）

能夠很順暢地書寫。

我用墨水的滴管為雜誌
《CROISSANT》畫插
畫。

彩色墨水
發色很美！

第2堂課

直線、扭啊扭、鋸齒狀⋯⋯
畫出各式各樣的線條

從哪兒開始畫好呢？

從哪裡開始都可以喔！

♪剛開始只要使用廢紙或廣告紙的背面練習就可以了，不要太用力，試著畫出流暢的線條吧。

只要用鉛筆　或彩色筆

不斷地畫線就能很快上手。
畫線的速度可以或快或慢，自行掌控。

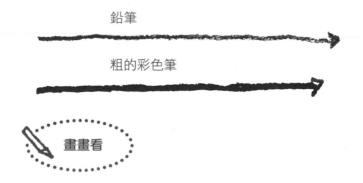

鉛筆

粗的彩色筆

畫畫看

凹凸的、捲捲的……
原來線條也有這麼多種類！

例

彎彎曲曲

鋸齒狀

一圈一圈

凹凹凸凸

捲捲的圈圈

頓頓的

波浪狀

現在已經很熟練了吧！
這次試著畫畫看直線吧。

例

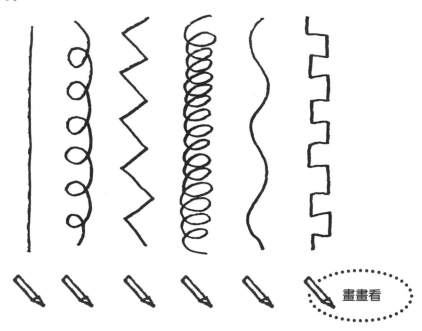

畫畫看

直線、橫線、斜線……任意遨遊於線條王國中。

 第3堂課

利用「線條的組合」 畫出可愛的花紋！

結合不同的線條，
就能完成美麗的花紋。
也可以把線條之間的空隙塗上顏色，帶來更新鮮有趣的變
化。

例

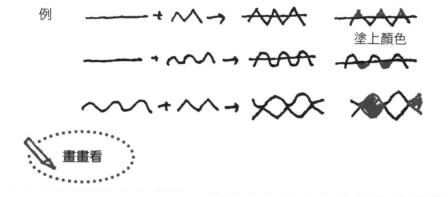

塗上顏色

畫畫看

例

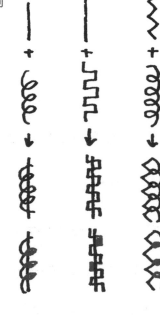

線條稍微變化一下，就能畫出美麗的「外框」！

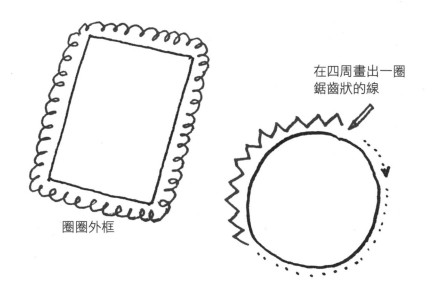

在四周畫出一圈
鋸齒狀的線

圈圈外框

畫得越來越
順暢了，真
有趣～

不錯喔！

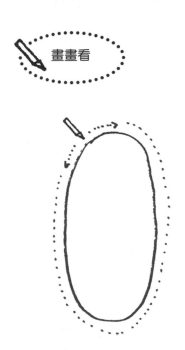

畫畫看

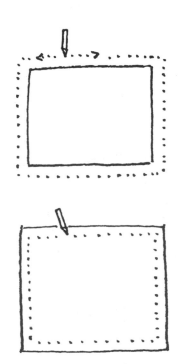

 發揮自己的創意畫畫看。

「組合各種圖形」 就能畫出好多東西!

仔細觀察我們生活周遭的各項事物,就不難發現它們都是由各種「圖形」所組合而成的。
杯子、瓶子、保特瓶、鉛筆、手機……
觀察看看是由什麼圖形組合而成的。

從正上方看	從側面看	從斜上方看
		常用的杯子
		畫畫看
		裝有糖果的盒子
		藥罐子

仔細觀察你身邊的事物，有哪些圖形呢？

↑

`ゝ ゝ 和 ～`
就可以畫出笑臉

畫畫看

大自然是各種美麗圖形的寶庫！
仔細觀察花瓣和葉片的形狀，把它們畫下來吧。

例

用花朵或葉子作為主題，
給包包畫上圖案。

 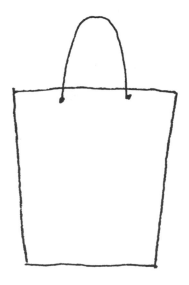

畫下自己喜歡的花草吧。

♪ 組合「線條」和「圖形」
　就能畫出自己特有的「可愛圖樣」！

例

畫畫看

變化線條和圖形，「圖案文字」也能有這麼多花樣！

 在文字的設計上，花了點心思畫出的圖案文字。
如果和插圖一起使用，就能變得既可愛又時髦。

🎵 普通的文字只要稍作變化……。

例

🎵 畫成空心字又是另一種感覺。

例

♩ 組合的方式自由自在！

例

畫畫看

把尖尖的角修圓。

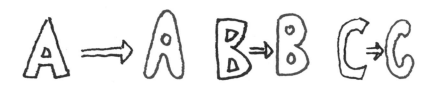

畫上花紋。

請你也替文字畫上花紋吧。

星期二

可愛又簡單！

....

來畫畫身邊的
小物、食物和
動物吧！

Tuesday

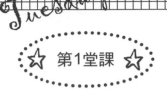

☆ 第1堂課 ☆　畫出有品味的
時尚小物秘訣

包包、飾品、鞋子、靴子……，
試著將喜歡的東西、想要的物品畫成插圖吧。
這些都是「圖形與線條」的組合。
請儘量表現出小物迷人可愛的地方。

戒指
把寶石的部份
畫大一點會顯
得很有魅力。

手錶
錶面畫得小
一點，看起
來奢華又優
雅。

項鍊
把墜子畫大一點，
看起來很有氣勢。

耳環

星星、花朵、愛心、
四葉草等圖案，畫起來
容易，看起來也很可愛。

來畫包包吧。從設計簡單到複雜的包包,思考一下要畫成什麼款式,就會很開心!

包包底部的裝飾是重點。

鍊包給人一種華麗的印象。

從斜上方看的籐編包。

有弧度的包包從斜側邊畫效果最好。

為包包畫上各種圖案,很有趣喔。

• •

給包包畫上圖案。

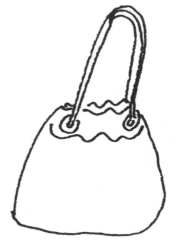

鞋子的種類五花八門，用蝴蝶結裝飾的鞋子、高跟鞋、尖頭鞋、圓頭娃娃鞋等。讓我們馬上來挑戰看看吧。

鞋子的畫法

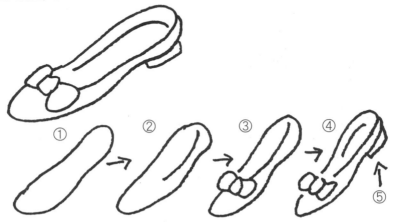

靴子的畫法

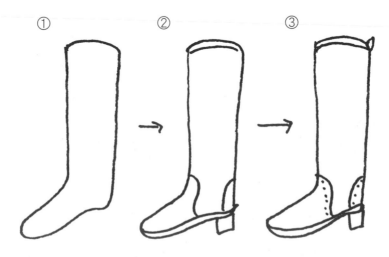

有跟的鞋子，可以從斜前方或側面的角度來畫，就會很可愛！

 毛毛靴

 高跟鞋

 你喜歡的鞋子是什麼樣子呢？

 第2堂課

蔬菜、水果、海鮮
也能畫得活靈活現

蔬菜和水果的外形特徵明顯,所以很好畫。
蕃茄、茄子、馬鈴薯、橘子等,
請掌握住特色畫畫看吧。

★蔬菜

● 小黃瓜

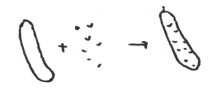

● 蓮藕

● 菠菜

♪ 南瓜和蘿蔔各是長什麼樣子呢?

40

★水果

● 西瓜

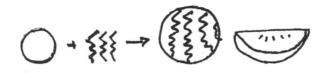

● 櫻桃

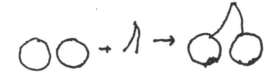

● 鳳梨

 盡情畫出各種喜歡的蔬菜水果吧。

★海鮮

海鮮具有獨特的外形，讓人忍不住就想動筆畫畫看。不只是側面圖，也試試看從正前方和正後方來畫，相信會更有趣。貝類則是簡單又好畫的圖案。請多多練習。

從正前方和
正後方畫
……？

好難啊……

● 魚類1

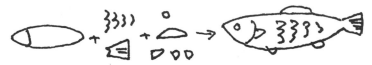

● 魚類2

● 貝類1

● 貝類2

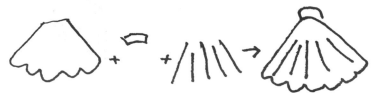

章魚、花枝、蝦子……試著畫出喜歡的海鮮吧。

廚房用具，好多好多都可以畫！

廚房裡有很多外形有意思的工具。
請盡情畫出這些有趣的用品吧！

44

你會在廚房用到哪些用具呢？
趕快來畫畫看吧！

筷子很容易畫

有好多同伴！！

 **把拿手菜畫成
插畫吧**

學會畫蔬菜和廚房用品之後，想不想把這些插圖畫到你
的拿手菜料理食譜裡呢？
在這邊要教大家一道兔老師的拿手好菜，是滿滿熱騰騰
蔬菜的「法式蔬菜燉肉鍋」。

兔老師的法式蔬菜燉肉鍋食譜

食材是　紅蘿蔔　馬鈴薯　洋蔥　培根　洋菇

調味料有　鹽、胡椒、雞肉高湯
月桂葉

在鍋子裡
放入水

放入切成大塊
的食材

撈起表面
的浮沫

月桂葉　胡椒
鹽
高湯塊
放入

完成了

以小火燉煮

46

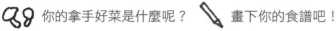 你的拿手好菜是什麼呢？　　畫下你的食譜吧！

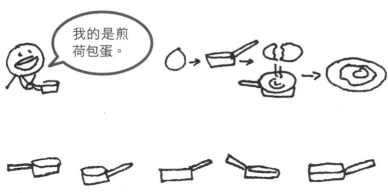

我的是煎荷包蛋。

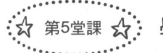

第5堂課 學會畫動物！

 接著，讓我們來挑戰畫動物吧。
說到最貼近我們生活的動物，就是狗和貓了。
基礎還是在於各種圖形的組合。
畫狗的時候要注意細長的臉和耳朵，
畫貓的重點則是鼻子、嘴巴和鬍鬚。

狗的情形

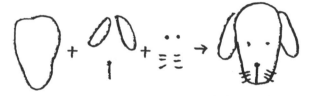

畫出下垂的耳朵，
就有狗的感覺了。

貓的情形

畫出臉上的花紋，
看起來就很像貓了。

把輪廓改成毛茸茸的線，就能變身為西洋風的狗狗和貓兒了！

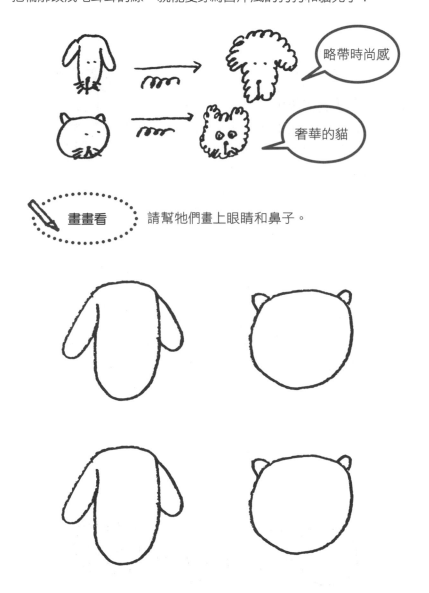

略帶時尚感

奢華的貓

畫畫看　請幫牠們畫上眼睛和鼻子。

🎵 從前面、側面、背面……
試著從不同角度畫出狗的身體吧。

背影真是
太可愛了。

正面是這種感覺！

畫狗的側臉時，要畫出鼻
子稍微往前突出的感覺。

畫畫看

畫出狗的各種動作。

● 走路

● 奔跑

● 跳躍

● 等一下

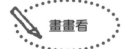

畫畫看

畫出貓兒的各種
柔軟姿態吧。

畫背影時，圓圓的
屁股是重點。

畫出貓兒玩耍嬉戲的
情景真有趣。

微微歪頭的樣子很
有貓的感覺。

毫無防備的感覺真
可愛。

 畫畫看

其他的動物，只要找出牠們在耳朵、鼻子和輪廓上的特徵，就能畫得唯妙唯肖！

豬
整個身體都是圓滾滾的，
任何人都能馬上學會畫。

老鼠
畫出大耳朵，再加
上鬍子，就是老鼠
的臉。

熊貓
超受歡迎的熊貓，
特徵是耳朵和眼睛
周圍是黑色。

馬
先描繪出細長的臉部
輪廓，再畫上高高的
鼻樑就OK了！

原來如
此啊！

在下方的臉部輪廓裡隨意加上眼睛、鼻子、嘴巴和耳朵，
一起來完成各種動物的插圖吧。

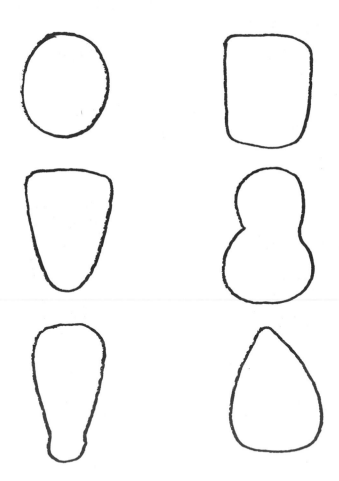

星期三

一下子就畫好了，真奇妙！

原來畫人像這麼簡單！

Wednesday

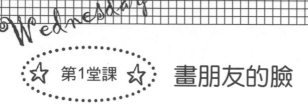

☆ 第1堂課 ☆　　**畫朋友的臉**

描繪人臉的訣竅，和我們到目前為止學到的插畫技巧是一樣的，只要分解成各個「部位」就可以了。在臉部輪廓裡加上眼睛、鼻子和嘴巴……瞧！對方的笑臉就出現了。

友子

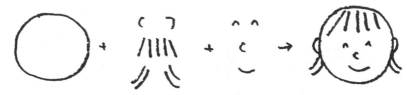

麻里

阿良

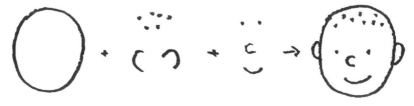

即使臉形相同，只要變化髮型，畫出來的臉感覺起來就不一樣。多想想各種不同髮型的畫法，變化就會增加。

改變臉部輪廓的形狀，就能表現出男性和女性的差異，以及年齡的不同。

有稜有角的臉看起來像男性，而長臉和略顯豐腴的臉看起來就像女性。

將下列各部位排列組合之後，會成為什麼樣的臉呢？

爸爸有對粗眉毛。

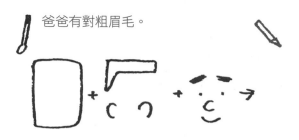

媽媽很會做菜。

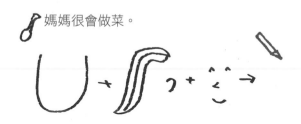

哥哥愛打橄欖球。

 姊姊是個粉領族。

 弟弟是個貪吃鬼。

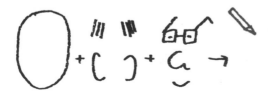 爺爺的興趣是圍棋。

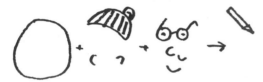 奶奶喜歡看歌舞伎。

第2堂課 　千變萬化的表情

 目前為止都跟得上進度嗎？
接下來是要藉著改變眉毛、眼睛和嘴巴的形狀，
以表現出「開心」「高興」「傷心」等表情的課程。

♩ 臉型、髮型相同，改變眼睛和鼻子，就能有這麼多變化！

我不行了～！

啜泣

哼

這下糟糕了

嗚哇

（　　　　　）

把眼睛畫成三角形、圓形,
或是畫出噘嘴、抽抽搭搭地哭著的樣子……
把今天的心情用臉部表情呈現出來吧!

試著對臉上的各部位做點變化，
插畫就能變得更為獨特喔。
比如說，在眼睛裡畫上愛心或星星，
就能夠傳達出戀愛或期待的感覺。

 使用上面列出的嘴巴、眼睛、眉毛，畫畫看吧。

也試著畫畫側臉吧。

 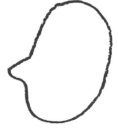

 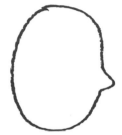

 只要多練習，就
能越畫越好喔！

畫成這種
臉了！

試著表現「體態」與「動作」

 學會怎麼畫臉之後,接著就讓我們來挑戰畫身體吧。身體的特徵會因為性別和年齡而有所不同。女性的身體充滿曲線,男性的身體則以直線來呈現。

男性的肩膀寬,手腳也大,整體來説要畫出粗壯的感覺。女性的肩膀就比較窄,若能畫出纖細的腿,感覺會更女性化。胸部和臀部則畫出柔軟豐盈的感覺。

另外,如果能仔細觀察「關節」的活動,了解「身體的構造」,就能畫得更好喔。

想像眼前有一具線控木偶,請試著畫出關節的樣子吧。

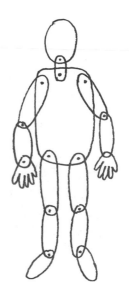

側面站姿

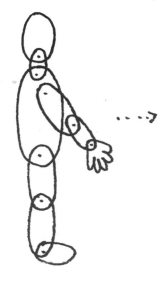

側面坐姿

動物當然也是有關節的。試著去想像
究竟是哪個部份的關節在動，你畫的
圖就又能提升一個層次囉。加油！

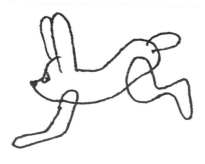

試著為喜歡的動物加上關節動作，<u>畫畫看吧</u>。

畫畫看

第4堂課 ☆ 挑戰各種姿勢！

 接著讓我們畫出身體的各種動作吧。
畫的時候注意手腳長度的平衡、眼神、肢體動作等等，
總之，多多動筆練習是最重要的。Let's go！

 讓我們畫出粉領族‧友子小姐從早到晚的一天
生活吧。

早安

今天
穿靴子

心情很好

大家早

工作中

好好吃

結束啦～

明天見

這個好可愛！

買太多了

把腳畫成一上一下，
看起來就像是在走路。

星期四

進入專業的達人技！

....

輕輕鬆鬆
畫出「風景」！

Thursday

第一步是要好～好地 「觀察」

☆ 第1堂課 ☆

來到星期四，今天我們要學習的是描繪風景畫的技巧。
因為今天天氣很好，所以讓我們和小雞妹妹一起，到可
以看見大海的小山坡上寫生吧。

從小山坡上可以看見樹林、教會和大海。

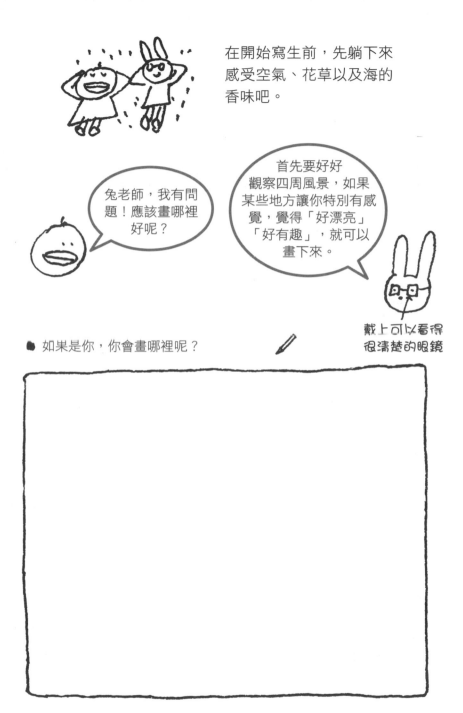

在開始寫生前，先躺下來感受空氣、花草以及海的香味吧。

兔老師，我有問題！應該畫哪裡好呢？

首先要好好觀察四周風景，如果某些地方讓你特別有感覺，覺得「好漂亮」「好有趣」，就可以畫下來。

戴上可以看得很清楚的眼鏡

● 如果是你，你會畫哪裡呢？

☆ 第2堂課 ☆ 決定「構圖」

仔細觀察過四周風景後，接著就要來決定「構圖」，也就是決定要在寫生冊裡畫下風景的哪個部份。你可以用雙手手指圍出一個方框，或是在紙上開一個方形的洞來眺望景色，這兩種方法都能幫助你決定構圖。

決定好構圖後，請由近到遠，將風景大致分為四個區塊。

此處的重點是，因為寫生與照片不同，所以不必畫
出電線桿等會破壞風景的物品。
接著把整張圖分解成a～d四個部份。

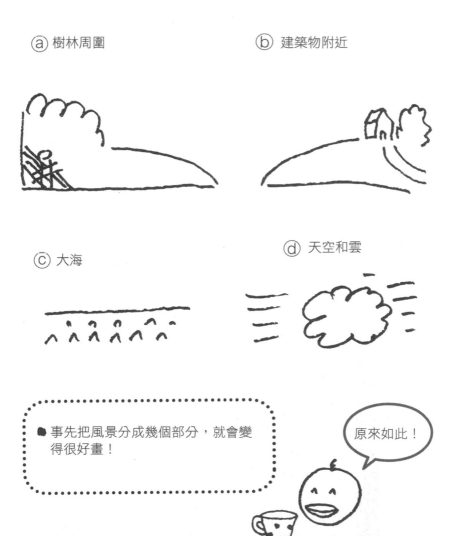

ⓐ 樹林周圍

ⓑ 建築物附近

ⓒ 大海

ⓓ 天空和雲

● 事先把風景分成幾個部分，就會變
　得很好畫！

原來如此！

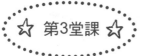 ## 學習「遠近法」

 在風景畫中，為了在一張紙上呈現出遠方的風景和近處的景色，經常會使用到「遠近法」的技巧。
所謂的遠近法，就是把近處景物畫大，遠方景物畫小的一種技巧。這樣一來，就能在繪畫中表現出「景深」。

遠方的蘋果

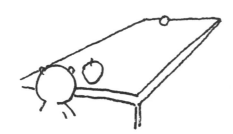

近處的蘋果

 其他還有稱為「空氣遠近法」的技法。

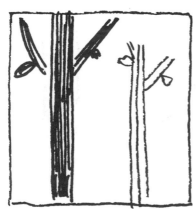

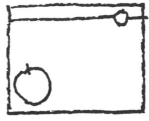

將前方樹的顏色畫得比較深，後方的樹畫得較模糊，就能呈現出遠近不同的感覺。

這我應該做得到～

78

那麼，在上一堂課的風景畫中，有哪裡可以使用到遠近法呢？讓我們利用遠近法畫出b部份的教堂吧。

 我先簡單地說明「消失點」的概念。
當畫中的景物距離越遠，看起來也越小，
而當它們太小又接近地平線的時候就會消失看不見。
我們將這個地點稱為「消失點」。

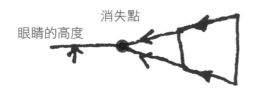

消失點

眼睛的高度

這個有點難耶……

 利用消失點的概念來畫建築物，
畫出來的感覺就會像下面的例子。

 +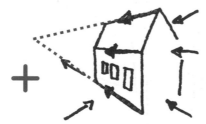

教堂的入口從正面畫。

建築物的側面會呈現這個形狀。

窗戶也是利用一樣的方法，畫出與消失點連接的感覺。

 **第4堂課** **熟練「加上陰影的方法」**

 學會畫「陰影」，畫風景的技巧就能更上層樓喔。比如說，在桌子上擺蛋，蛋就會出現陰影。

 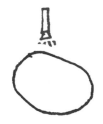 

請先幫這兩顆蛋畫上陰影。

替盒子打光試試看吧。

請畫出影子。

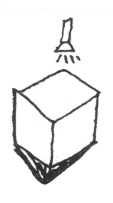 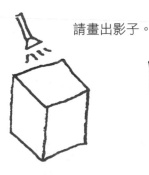 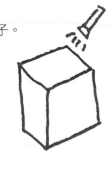

 影子會因為光的強度、距離或角度而有所不同。

畫出你想畫的物品，並為它加上陰影。

例

←事先畫上光源記號（太陽圖案），
　影子會變得比較好畫。

看起來變
立體了！

如果畫出的陰影濃淡不同⋯⋯？

影子也有濃淡之分。
如果能清楚地描繪出來，圖案看起來就會更立體。

現在我們終於要為風景畫加上陰影了。請思考太陽的位置會形成什麼樣的影子再畫。

請配合太陽的位置，
分別在下面兩幅畫中畫上陰影。

 另外，用色鉛筆或顏料上色時，重點在於先替遠景或面積較大的部份上色。還有，請先從淺色開始著色，這樣完成的作品會更漂亮。

原來
如此！

接近黃昏，太陽也漸漸地沉到海面下去了。

🎵 請在下方的圖中畫上人物或動物的插圖，並加上影子。

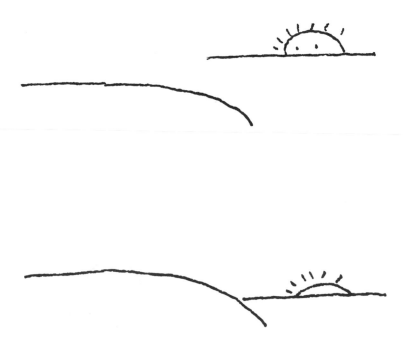

星期五

還可以這樣做！
·······································

在卡片或禮物上⋯⋯
畫上插圖，
增添滿滿心意！

Friday

Friday

☆ 第1堂課 ☆

挑戰～畫出
專屬的代表人物

 今天，讓我們來挑戰創作專屬於自己的代表人物。只要在常見的記號、英文字母或小物上畫上眼睛和嘴巴，為它們注入生命力！

撲克牌的花色
變身為詼諧有趣的角色。

英文字母加上眼睛和嘴巴，就好像會說話。

 愛心、星星、鑽石、英文字母……
請試著把這些圖案都擬人化吧。

食物或建築物也可以變身為獨具魅力的可愛角色。

把布丁焦糖的部份
畫得可愛些。

建築物中的七爺八爺,畫在
一起真有趣。

男孩和女孩。一般的人
物任你盡情發揮。

 把周圍的事物都畫成人物吧!

　☆ 第2堂課 ☆　## 畫出季節風

畫出帶有季節感的題材或插圖，
在寫卡片或製作活動說明書時，會變得很有趣囉！

1月（睦月：日本家庭團聚
之月）

麻糬
畫出烤過的膨
脹感。

2月（如月：草木發芽，
萬象更新）

惡鬼
重點是頭上的尖
角、獠牙以及叢
生的捲髮。

3月（彌生：萬物生長，欣
欣向榮）

竹筍
重點在於表現出竹
節的樣子。

4月（卯月：花開的季
節）

櫻花
花瓣的形狀很有
特色。

5月（皐月：種稻季節）

蠶豆
形狀很可愛。

6月（水無月：梅雨季節）

雨靴
有它就能平安度過令人
感到憂鬱的梅雨季。

7月（文月：在夏夜吟詩
作詞）

牽牛花
在花裡畫上星星是一
個小技巧。

8月（葉月：落葉季節）

刨冰
只要在周圍畫上水滴
就充滿清涼感。

9月（長月：夜晚最長）

賞月
看著月亮的小貓咪真
可愛。

10月（神無月：日本神話
中神明聚會的季節）

栗子
也可以畫柿子或螃蟹
等代表秋天的食材。

11月（霜月：結霜季節）

閱讀之秋*
書本的厚度要表現出
來。

12月（師走：歲末法會季節）

雪人
在周圍畫上雪花圖樣
會更有氣氛。

• •

 請畫出各種能夠代表季節的圖案吧。

譯註：
1. P.88～P.90月份後方括號內為日本陰曆月份的名
稱，現也作為陽曆月份的別名。
*2.「閱讀之秋」的由來，一說出自韓愈《符讀書
城南》：「時秋積雨霽，新涼入郊墟。燈火稍
可親，簡編可卷舒。」或南宋詩人楊萬里《秋
思》：「書冊秋可讀。」另外也有秋季適合讀
書的說法。11月3日在日本是「文化之日」，為
國定假日，11月多有藝文活動，各級學校也多
於11月舉辦文化祭（類似台灣的校慶）。

畫畫看

第3堂課　想要畫在信紙或明信片上的插圖

在寫信或明信片時，如果能夠畫上可愛的插圖，心情也會特別愉快。當對方收到信時，看到上面有你親手畫的畫或插圖，一定也會很開心的。

♪ 季節風的圖樣或食物等，畫起來很容易，
　推薦大家試試看。

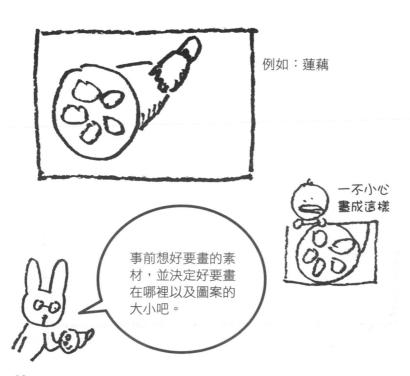

例如：蓮藕

一不小心
畫成這樣

事前想好要畫的素材，並決定好要畫在哪裡以及圖案的大小吧。

將自己身邊的事物畫在明信片上吧。

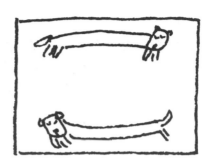

器皿
在上面畫出不同的
花紋,就可改變整
體氣氛。

動物
讓狗狗的身體改變形
狀,就能變得這麼有
趣。

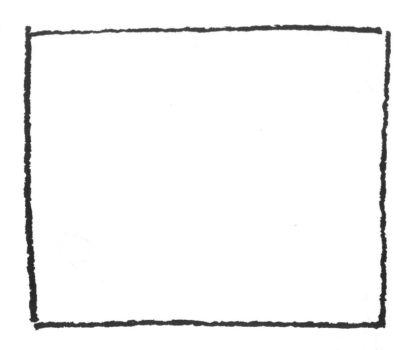

 **第4堂課** **製作獨特的卡片**

 接著是應用篇。

無論是在重要的日子送的卡片,還是傳達日常心意的卡片,只要稍微下點工夫,相信收到卡片的人一定會覺得很窩心。可以利用前面學過的線條組合畫邊框、畫上大大的插圖作重點裝飾、繪製圖案文字等……試著創造出一張屬於您自己的、獨一無二的卡片吧!

📕 單面卡片

可以先輕輕地以鉛筆畫上底稿。

也可以畫上各式可愛人物。

畫上各式各樣的線條裝飾也不錯。

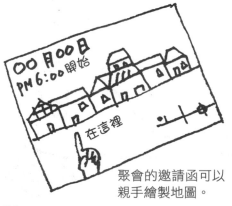

聚會的邀請函可以親手繪製地圖。

寫下滿懷「歡迎!」心意的內容。

對折卡片　想讓對方打開卡片時露出笑容。
　　　　　立體卡片的製作其實超乎想像的容易。

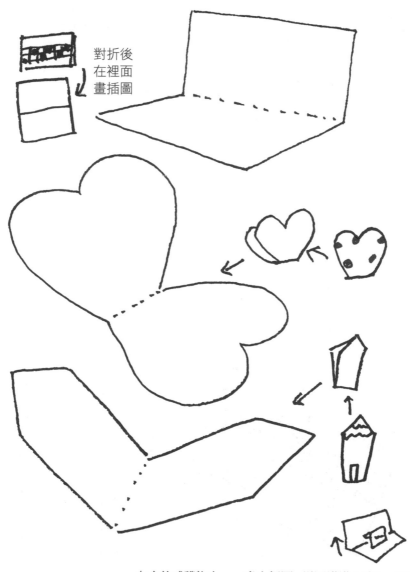

對折後
在裡面
畫插圖

在卡片或禮物上……畫上插圖，增添滿滿心意！　95

 ☆ 第5堂課 ☆　製作「獨創的」
標籤與吊牌

將附在禮物上的卡片製作成吊牌，看起來充滿童心！
只要剪剪厚紙板，再穿上繩子，就能享有加倍樂趣！

雪人及水滴等
線條簡單，裁
剪也容易。只
要用打洞機打
個洞，再穿上
繩子，就完成
了！

重疊兩張紙，在上面
那張紙開個洞，做成
窗戶，也是很不一樣
的作法！

將厚紙板剪成高腳
杯的形狀，掛在送
禮的酒瓶上。

也可以試著挑戰替酒類
製作獨創的標籤。記得
要配合酒的種類，做出
適合的形狀，並畫上適
合的圖案喔！

為手作果醬製作標籤。

 草莓果醬

把紙剪成
草莓形狀

 柳橙果醬

 蘋果果醬

星期六

讓感動永遠留存！
....

用插圖保存
美好回憶！

Saturday

自製手繪地圖和
手帳日記

今天要為大家介紹的是能夠開心記錄每天發生大小事的方法。無論是去吃美食,還是出門旅行,只要在筆記本或手帳裡畫下當天所發生的種種,之後回頭翻閱時,回憶便會重新浮現。

想要畫下一家美味的蛋糕店……

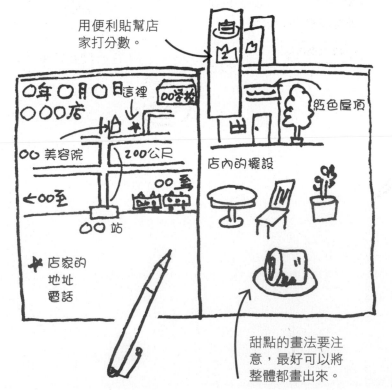

用便利貼幫店家打分數。

○年○月○日這裡
○○○店

○○美容院

←○○至

○○站

★店家的地址電話

200公尺

○○至

○○學校

紅色屋頂

店內的擺設

甜點的畫法要注意,最好可以將整體都畫出來。

插圖和文字交錯記錄，寫日記也變得有趣了。

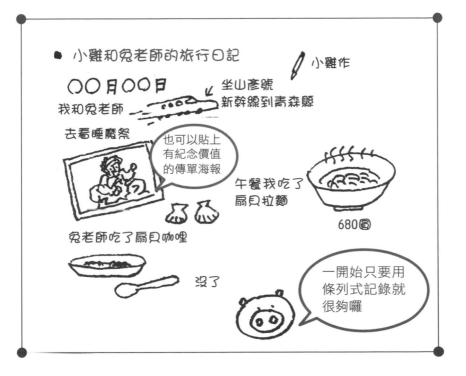

 請試著在文章裡加上插圖吧。

星期日

樂趣無限！

....

用插畫製作
自創手作商品

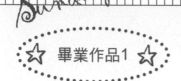

☆ 畢業作品1 ☆

製作世界上唯一的 「My Calendar」

今天是星期日，讓我們活用前面課程裡所學到的各項技巧，一起來製作畢業作品吧！

首先是製作一份月曆。你可以畫上邊框、讓數字變形、畫上預定事項的小圖示等……。發揮你的想像力，體驗這種「世界上絕無僅有」的樂趣吧。

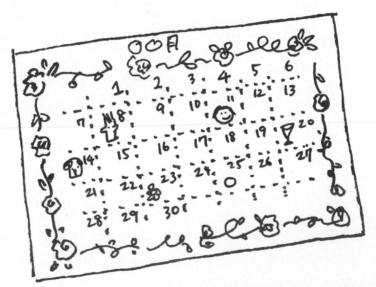

 可以先用鉛筆輕輕畫上草圖，再用自己喜歡的筆描繪完成。

發揮創意，自由改變
形狀真有趣。

裁剪厚紙板製作，可以
當成杯墊使用。

你想做什麼形狀的月曆呢？

在T-shirt或包包上
畫屬於自己的插畫！

 第2項畢業作品是在T-shirt或包包上畫自己的插畫。外出時帶出門，「在哪裡買的？」肯定會成為眾人注目的焦點！畫插圖變得更有樂趣！

直接畫上去

使用即使水洗也不會掉色的墨水或筆，直接在布上作畫。雖然會有點緊張，但請放輕鬆，才能畫出美麗的線條喔！

用電腦處理畫好的圖案

您也可以先在紙上作畫,再用掃描機將圖掃進電腦裡。要製作親子裝、情侶裝時,使用這個方法就很方便。還可以在電腦上為插圖自由上色。或著利用熨斗用T-shirt轉印紙將圖案列印出來,放到想轉印的物品上,用熨斗燙過就完成了!

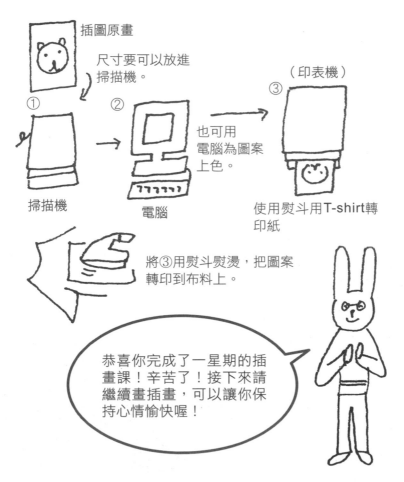

插圖原畫

尺寸要可以放進掃描機。

① 掃描機

② 電腦

也可用電腦為圖案上色。

③ (印表機)

使用熨斗用T-shirt轉印紙

將③用熨斗熨燙,把圖案轉印到布料上。

恭喜你完成了一星期的插畫課!辛苦了!接下來請繼續畫插畫,可以讓你保持心情愉快喔!

國家圖書館出版品預行編目資料

一個人、一枝筆，跟著兔老師 7 天學會可愛插畫 / 松本孝志
作；賴曉錚譯. -- 初版. -- 新北市：世茂, 2012.9
　　　面；　公分. --（點線面；6）
　　　譯自：イラストがたのしく上手に描ける本
　　　ISBN 978-986-6097-63-8（平裝）

　　1. 插畫　2. 繪畫技巧

947.45　　　　　　　　　　　　　　　　　101013172

點線面 6

一個人、一枝筆，跟著兔老師 7 天學會可愛插畫

作　　者／松本孝志
譯　　者／賴曉錚
主　　編／簡玉芬
責任編輯／陳文君
封面設計／鄧宜琨
出 版 者／世茂出版有限公司
負 責 人／簡泰雄
地　　址／（231）新北市新店區民生路 19 號 5 樓
電　　話／（02）2218-3277
傳　　真／（02）2218-3239（訂書專線）‧（02）2218-7539
劃撥帳號／19911841
戶　　名／世茂出版有限公司　單次郵購總金額未滿 500 元（含），請加 50 元掛號費
酷 書 網／www.coolbooks.com.tw
排版製版／辰皓國際出版製作有限公司
印　　刷／長紅彩色印刷公司
初版一刷／2012 年 9 月

I S B N ／978-986-6097-63-8
定　　價／220 元

IRASUTO GA TANOSHIKU JYOUZU NI KAKERU HON
© TAKASHI MATSUMOTO 2009
Originally published in Japan in 2003 by Mikasa-Shobo Publishers Co., Ltd.
Chinese translation rights arranged through TOHAN CORPORATION, TOKYO,
and LEE's Literary Agency.